Jost Amman

Frauen-Trachtenbuch

Jost Amman

Frauen-Trachtenbuch

ISBN/EAN: 9783743316744

Hergestellt in Europa, USA, Kanada, Australien, Japan

Cover: Foto ©ninafisch / pixelio.de

Manufactured and distributed by brebook publishing software
(www.brebook.com)

Jost Amman

Frauen-Trachtenbuch

Im Frauwenzimmer

Wirt vermeldt von al=
lerley schönen Kleidungen vnnd Trachten
der Weiber/hohes vnd niders Stands/wie man fast an
allen Orten geschmückt vnnd gezieret ist/ Als Teutsche/Welsche/
Frantzösische/Engelländische/Niderländische/Böhemische/Vngeri=
sche/vnd alle anstossende Länder. Durchauß mit neü=
wen Figuren gezieret/ dergleichen nie
ist außgangen.

Jetzund erst durch den weitberühmbten Jost Am=
man wonhafft zu Nürnberg gerissen.

Sampt einer kurtzen Beschreibung durch den wolgelehr=
ten Thrasibulum Torrentinum Mutislariensem al=
leg ehrliebenden Frauwen vnd Jungfrauwen zu
ehren in Rheimen verfaßt.

A.D.   L.XXXVI.

Getruckt zu Franckfurt am Mayn In Verlegung
Sigmund Feyrabends.

Dem Ehrengeachten/

vnd fürnemen Herrn Johan Pythan/ vnd

der tugentsamen Frauwen Catharine Lochmenin
seiner Ehlichen vnd lieben Haußfrauwen/ mei=
nen insonders günstigen Herrn
vnd Frauwen.

 N was Ehren/ Würden vnnd Reputation
weibliche Zucht/ Ehr/ Keuscheit vnd Tugend bey
den alten gewesen/ vnnd gehalten worden/ darff
niemand viel nachfragens/ dieweil dasselbige al=
lenthalben in Göttlichen vnnd Weltlichen Historijs
hauffenweiß beschrieben vnd zu finden ist.

　　　　　　　　　　　　　　　　　　　　* 　Vnd

Vorrede.

Vnd zum erſten/ ſo werden fromme/ Gottsförchtige keuſche Weiber nicht allein von Menſchen gelieber vnd geehret/ ſonder auch gleich anfangs der Erſchaffung der Welt von Gott ſelbſten gerühmet/ da er ſagt im erſten Buch Moſis am andern Capitel: Es iſt nicht gut/ daß der Menſch allein ſey/ ich wil jhm ein Gehülffen machen/ die vmb jhn ſeye/ ꝛc. Darauß dann ein jeder verſtändiger leichtlich abzunemmen/ daß Gott allein das Weib dem Mann/ als die auß ſeiner Rippen erbauwet/ zu Troſt/ Freud vnd Auffenthalt ſeines Lebens geſchaffen iſt. Wie denn auch Jeſus Syrach in ſeinem Buch der Weißheit/ vnd fürnemlich im ſechs vnd zwäntzigſten Capitel das Lob frommer vnnd Gottsförchtiger Weiber höchlich rühmet/ vnnd gantz weitläuffiger weiſe außbreitet vnd beſchreibet/ in dem er ſie deß Manns Leben vnd Freude/ ein edele Gabe Gottes/ auch ein Zierde vnnd güldene Sewle deß Hauſes nennen thut.

Item der Königliche Prophet David rühmet ein frommes Weib gar hoch in ſeinem hundert vnd acht vnd zwäntzigſten Pſalmen/ da er ſpricht/ Das Weib wirdt im Hauſe ſeyn/ wie ein fruchtbarer Weinſtock voller guter Trauben/ vnnd die Kinder vmb den Tiſche/ wie friſche Oelzweige/ ꝛc.

Damit wir aber auch kürtzlich etlicher frommer Gottsförchtiger Weiber gedencken/ ſo haben wir kein geringes Exempel der Demut an der gehorſamen Sara im erſten Buch Moſis am achtzehenden Capitel/ da ſie jhren Mann Herr hieß/ vnd ſprach/ Nun ich aber alt bin/ ſoll ich noch Wolluſt pflegen, vnd mein Herr auch alt iſt/ ꝛc.

Was für groſſes Lob auch die Gottsförchtige Judith hinder ſich verlaſſen/ das finden wir erſtlich in jhrem Buch am 7. Capitel/ in dem ſie die Elteſten/ der Statt Bethulia ſtraffet/ daß ſie Gott ein gewiſſen Tag der Hülffe ſetzeten vnd beſtimbten/ vnd

alſo

Vorrede.

also gleich Gottes Meister seyn wolten / ermahnet sie auch zum Gebet/ vnd eröffnet jnen letzlich jhren Anschlag/ was sie zu thun in Willens / Wie sie dann dasselbig im dreyzehenden Capitel gemeldtes Buchs an dem Trunckenboltz vnd Vollzapffen Holoferne mit Beystand Göttlicher Hilff vnd Genaden vollbracht vnd jhme/ als er jhm Betth gelegen vnd geschlaffen/ sein Haupt mit einem Schwerd abgehauwen/ vnnd also die betrangte Statt Bethulien/ so allbereyt an aller Hülff verzagt / von jhrem mächtigen Feind dem grewlichen Wüterich erlöset hat.

Welcher massen auch die Gottsförchtige Abigail jr gantzes Hauß für dem Grimme Dauids (welcher durch jhren Mann/ den Gottlosen Nabal erzürnet war) erhalten habe/ das finden wir im ersten Buch Samuelis am fünff vnd zwäntzigsten Capitel.

So lesen wir auch in der Bibel was die fromme Gottsförchtige Esther durch jhre Frombkeit / Zucht / Ehr / Keuscheit vnnd Gehorsam gegen jhrem König Artaxerxe erlanget / vnd also jr gantzes Geschlecht der Jüden / so allbereit durch den Gottlosen Haman auff die Fleischbanck gelieffert war/ von dem Schwerd vnd Todes noth erlöset habe.

Wie auch nicht weniger die fromme/ keusche vnd Gottsförchtige Susanna deß Joiakims Weib nimmermehr genugsam zu loben/ welche viel lieber einen grewlichen schmehlichen Tod leyden/ vnd versteiniget hat werden wöllen / als jhr Ehbetth beflecken vnnd verunreynigen/ Endlichen aber doch auß wunderbarlicher Schickung deß Allmächtigen Gottes durch den Daniel vom bitteren Tod erlöset/ Vnnd hergegen die zween alte falsche Verrähter / an jhre statt von der Gemeine mit Steinen zu Tod geworffen worden.

Vnnd ist sich zu letzt auch noch höchlichen vber die keusche Lucretiam zu verwundern / welche wol billich ein Spiegel der Keuscheit zu nennen ist. Dann wie der berümpt Historien Schreiber Titus Liuius in seinem ersten Buch der Römischen Historien schreibet / so ist auff eine zeit ihr Mann Collatinus bey etlichen
Herren

Vorrede.

Herren ausserhalb der Statt Rohm gesessen/ vnnd in dem sie vnter
anderem Gespräch auch von Weiblichen Tugenten vnnd Keuscheit
angefangen zu reden/ vnnd ein jeder seine Fraw gelobet/ so hat
doch Collatinus seine Lucretiam den anderen allen an Keuscheit
vnnd Tugendt fürgezogen/ wie sich denn solches zu letzt auch in
der That also befunden. Dardurch der Sextus Tarquinius der
massen gegen sie in vnordentlicher Liebe entzündet worden / daß
er sie wider jhren Willen/ vnnd also mit Gewalt zu seinem Willen
gezwungen hat/ Nach welchem sie jhren Mann Collatinum, deßgleichen jhren Vatter / wie auch die Freundschafft zu sich gefor-
dert/ jhnen die Schand vnnd gewaltige Vnzucht/ so Sextus Tarquinius an jhr geübet vnnd vollnbracht/ mit weinenden Augen
vnnd schweren Seufftzen entdeckt/ vnd geklaget/ Vnnd damit sie
ja menniglichen jhre Keuscheit offenbar machen möchte/ sich end-
lich mit einem Messer/ welches sie heimlich vnter jrem Kleid ver-
borgen getragen / selbst erstochen. Vnnd sind solcher Exempel
allenthalben noch viel zu finden/ welche allhier alle zu beschreiben/
viel zu lang were.

Demnach aber Gottsförchtige vnd fromme Matronen beneben
einem erbaren züchtigen Wandel/ sich fürnemlich feiner erbarer
Kleidung (doch eine jede jhrem Stand gemeß) gebrauchen/ Auch
ohne das ein erbar Kleid ein erbar auffrichtig Gemüth anzeiget/
Vnnd ich mit Gelegenheit gegenwertiges Büchlein von allerley
Nation hohes vnd niders Stands Weiblicher Trachten vnd Kleidung im Truck außgehen zu lassen willens gewesen/ vnnd wem
(der diser Ehren werth sey) ich dasselbe zu ehren heimschreiben
vnnd dediciren möchte / in bedacht benommen/ darneben auch
günstiger Herr/ euwere vielfältige mir erwisene Gutthat vnnd mit
mir erhaltene Freundschafft zu Gemüth geführet/ hierumb hat
ich dieses Büchlein euch vnnd euwer geliebten Haußfrauwen (an
dero Zucht/ Erbarkeit vnd Tugend ich nie kein taddel gespüret)
meinen insondern günstigen Herrn vnnd Frauwen sampt vnd sone-
ders (als die ich der Ehren wol würdig achte) dediciren vnd
heimschreiben

Vorrede.

heimschreiben/ vnd hiermit zu Wůndschung aller glůckseligen Wol=
fahrt verehren wöllen/ Freundlich bittende solche Dedication in
massen dieselbe auß freundtlicher Wolmeynung von mir angesehen/
vermercken/ vnd jhnen gůnstig gefallen zu lassen. Vnnd bin der
gåntzlichen Zuversicht/ jhr werdet hierauß mein danckbares vnnd
wol geneigtes Gemůth etlicher massen spůren vnnd euch vmb so
viel mehr in gůnsten gefallen lassen. Welches so ich spůren werde/
daß es euch zu Ehren/ Ruhm vnnd freundlichem Wolgefallen
gereichet/ wirdt es mir kůnfftig deren in stattlichern Wercken nit
weniger růhmliche meldung zu thun vrsach vnd anlaß geben/
Dem Allmåchtigen Gott euch beyde/ sammt euwern geliebten Kin=
dern vnd gantzem Haußgesinde/ wie auch vns alle/ in seinen gnå=
digen Schutz vnd Schirm zu zeitlicher vnd ewiger Wolfahrt be=
fehlende. Datum Franckfort am Mayn am Grůnen Donnerstag/
im Jahr als man zehlet von der seligmachenden Geburt vnsers
angeliebten Herrn vnnd Erlösers Jesu Christi/ Fůnffzehen hun=
dert/ achtzig vnd sechs.

E. E.

Freundwilliger

Sigmund Feyrabend
Buchhåndler.

ANNO M. D. CCC. LXXX.

Allen denen / so der Kunst vnd Malerey zuge-
than / vnd deren Liebhabern / sowie vnseren lieben
Frawen zu sonderm Gefallen / fürnehmlich aber zu
Ehren des weylandt fürtrefflichen

Jost Amman von Nürnberg /

geborn zu Zürich 1539 / gestorben zu Nürnberg im März 1591

von neuwem mit Keyserlich teutschen Freyheiten an Tag geben.
In Verlegung Georg Hirth's zu Leipzig vnd München.
Gedruckt von Knorr vnd Hirth zu München.

Dasselbe Büchlein ist auch mit artigen lateinischen Verslein zu
haben unter dem Titel:

GYNAECEUM SIVE
THEATRUM MULIERUM.

Die Keyserin.

GLeich wie die Sonn am Himmel leucht/
  Wann morgens der Tag herfür kreucht/
Vnd gibt viel einen grössern Schein/
  Dann andere Stern in gemein/

Also ist im Römischen Reich
  Keine Fraw der Keyserin gleich/
Sie haben allesampt von ihr
  Den Namen/ Lob/ preiß/ Ehr vnd Zier.

Ein Königin.

DIe du vor augen ſiheſt ſtohn/
    Bedeut ein Königlich perſon/
Auß Königlichem Stamm erwehlt/
    Vnd einem König auch vermehlt.

An jhrem Leib tregt ſie ein Kleid
    Mit Gold vnd Edelgſtein bereit/
Ein gülden Kron auff jhrem Haupt/
    Das iſt den Königin erlaubt.

Königin in Franckreich.

DIß Bild sihet nicht fast vngleich
    Einer Königin in Franckreich/
Sie hat ein Königliche Kron
    Auff jhrem zarten Haupte stohn.

Ist sonst auffs aller best geziert/
    Ihr Kleid gar künstlich vberführt
Mit Gold/ Perlen/ Edelgestein/
    Es könnte nicht wol schöner seyn.

A •

Ein Königin in Hispanien.

WAnn mich nicht gar betreugt mein Sinn/
 So geht also die Königin
In Hispanien wol geziert/
 Wann sie ein wenig außspaziert/

Mit dieser Hispanischen Tracht/
 Treibt sie ein sonderlichen Pracht/
Doch kan es nicht seyn gar vnrecht
 Vnterm Königlichen Geschlecht.

Ein Fürstin in Hispanien.

Also ist ein Fürstlich person/
    In Hispanien angethan/
Mit schönem köstlichem Gewand/
    Als man das jmmer hat im Land.

Mit Sammet/ perlen/ Seiden rein/
    Gold/ Silber vnd Edelgestein/
Mit grossem Rosten vnd Arbeyt/
    Alles zum fleissigsten bereyt.

Ein Teutſche Fürſtin.

HIe ſtehet ein Fürſtliches Weib
    Mit ſtoltzem vnd geradem Leib/
Erzogen in jhrer Jugend
    Zu aller Fürſtlichen Tugend/

Gezieret nach der Teutſchen Art/
    Von Sitten holdſelig vnd zart/
Weiß ſich zuſchicken mit Gelimpff/
    Es ſey zu Ernſt oder zu Schimpff.

Ein Teutſche Fürſtin.

Alſo gehn in dem Teutſchenlandt
    Etliche Fürſtin im Gewandt/
Ohn allen ſonderlichen pracht/
    Vnd haben mitler weil gut acht/

In der Hoffhaltung auff den Herdt/
    Wie jhrer Herrn gepfleget werdt/
Vnd ſonſten vnbeſchweret bleib
    Der arme Mann an Gut vnd Leib.

Ein Teutſche Gräffin.

DIe Teutſche Gräffin zieren ſich/
    Mit der Kleidung gar ſäuberlich.
Dann ſie ſind nur vmb einen Grad/
    Geringer als der Fürſtlich Stad.

Sie werden auch mit groſſem fleiß
    Erzogen nach Fürſtlicher weiß/
Zu aller Zucht vnd Erbarkeit/
    Vnd zu Adlicher Höffligkeit.

Ein Jungfraw auß der Fugger Geschlecht.

WAnn sich ein Jungfraw schmücket recht/
    Nach Brauch auß der Fugger Geschlecht/
Zieret sie sich mit gantzem fleiß/
    Gar nach auff für gemalte weiß.

Das Haupt mit einem Krönelein/
    Das Haar muß außgeflochten seyn/
Das Kleid von köstlichem Gewand/
    Ein Fähnlein tregt sie in der Hand.

Ein Edelfraw in Hessen.

Jch hette gar nah vergessen
    Der Edlen Frauwen in Hessen.
Sie bleiben noch wol vnveracht
    Mit jhrem adelichem Tracht.

Sie sind vberauß geflissen/
    Wann sie vielleicht etwas wissen/
Mit hauß halten zu ersparen/
    Sie thun jhr Ehr auch verwahren.

Ein Pfältzische Edelfrauw.

DJe Churfürstliche pfaltz am Rhein
  Hat viel vnd schöne Jungfräwlein/
Vom Adel vnd Rittern geborn/
  An Zucht vnd Tugend außerkorn.

Vom Leib gerad/ frisch vnd gesund/
  Freundlich mit Worten alle Stund.
Der Religion zugethan/
  Wiewol man sie viel hindert dran.

Eins Burgers Weib zu Heidelberg.

ZV Heidelberg eins Burgers Weib
    Gekleidet ist an jhrem Leib
Fein sauber vnd doch erbarlich/
    Wie das in der Statt ist bräuchlich/

Redsprechig/ frölich vnd bereyt
    Zu dienen in Freuden vnd Leyd.
Gott geb jhn allen Glück vnd Heyl/
    Vnd das ewig Leben zu theyl.

Ein Speierische Frauw.

Zv Speir an dem Cammergericht/
    Werden viel krummer Sach geschlicht/
Es weiset auß der Augenschein/
    Daß hübsche Weiber daselbst seyn.

Ich sage das ohn argelist/
    Wer jemals da gewesen ist/
Der muß mir das Zeugnuß geben/
    Daß sie auch nach Ehren streben.

Ein Sächsische Edelfraw.

ES ist allenthalben bekandt/
    Was starcke Leut gibt Sachsenland/
Die Frauwen sind da wol formiert/
    Mit starcken Geliedern staffiert/

Sie haben auch ein Mannes Hertz/
    Es gelte gleich Ernst oder Schertz/
Sie haben ihr gebürlichs Lob/
    Wiewol die Sprach ist etwas grob.

Ein Sächsisch edle Jungfraw.

DIe Sächsisch Edele Jungfraw/
 Mit sonderlichem fleiß beschaw/
Ob es nicht sey die recht proportz/
 Ist weder zu lang noch zu kurtz.

Nicht gar zu dick/ auch nicht zu rhan/
 Mit Kleidern Sächsisch angethan/
Eim Junckern zu Betth vnd zu Tisch/
 Zu dienen ist sie wunder frisch.

Ein Meichßnische edle Matron.

HIe sihestu für augen stohn/
     Ein edle Meichßnische Matron/
In jhrem gewöhnlichem Tracht/
     Wie in dem Land ist her gebracht/

Ist zart vnd schön von Angesicht/
     Mit Geberden wol abgericht/
Weiß Reden zu begegnen bald/
     Wies erfordert der Sach gestalt.

Ein Meichsnische Edelfraw in der Klag.

ALso verhüllet ihren Leib
    Ein adeliches Meichsnisch Weib/
Vom Haupt biß auff die Füß hinab/
    Wenn sie beleitet zu dem Grab

Ihren Mann/ oder sonst jemand/
    Der ihr mit Freundschafft ist verwandt/
Biß die Trawrzeit erreicht ihr end/
    Vnd Gott ihr Klag in Freud verwendt.

Ein Meisnische edel Jungfraw.

HJe stehet ein Jungfräwlein zart/
　　Vom Adel auff der Buler Warth/
Das Kräntzlein setzt sie auff ein seit/
　　Nach deß Lands Meichsen Gewonheit.

Hat gleichwol nicht vbrig Reichthumb/
　　Ist doch holdselig/ hübsch vnd frumb/
Eins reichen Junckers sie begert/
　　Vielleicht sie Gott dessen gewerth.

Ein Leipzische Matron.

DAs ist ein Leipzische Matron/
  Mit jhrem Habit angethan/
Ist nun bey viertzig Jaren alt/
  Wiewol noch zimlich wol gestalt.

Der Haußhaltung/ Religion/
  Vnd Kinderzucht nempt sie sich an/
Vnd hoffet von Gott mit Gedult
  Verzeihung aller jhrer Schuld.

Ein Leipzische Jungfraw.

ZV Leipzig hat es Jungfrauwen/
    Die laſſen ſich warlich ſchauwen/
Von Angeſicht gar wol geſtalt/
    Ihr Zucht mir für andern gefalt.

Ihr Red iſt vberauß lieblich/
    Ihr Geberden gantz ſäuberlich/
Darzu ſind ſie gezieret auch
    Zum beſten nach Meichſniſchem Brauch.

Ein Jungfraw auß Thüringen.

Thüringen ist ein herrlich Landt/
    In Historien wol bekandt/
Darinn lassen sich auch schauwen/
    Viel tugentreiche Jungfrauwen/

Erzogen wol in der Jugend
    Zu aller Frombkeit vnd Tugent/
Mit Kleidern auch schön angethan/
    Nach deß Lands Brauch/ steht in wol an.

Ein Schlesische Braut.

BEschaw diese seltzame Tracht/
    So in Schlesien hergebracht/
Wann ein Jungfraw vermehlet ist/
    Vnd sie sich nun zum Kirchgang rüst/

Dann wirdt sie also angethan/
    Wie du das Bild sichst für dir stahn.
Sonst hab ich nie kein Braut gesehn/
    In solchem Schmuck zu Kirchen gehn.

Ein Fraw auß Schlesien.

In Schlesien sind Weibs person/
    Mit Kleidern gar fein angethan/
Eins Burgers Weib schmückt sich also/
    Wie diß Bild steht für Augen do.

Ihr Hauben vnd Mantel ist rauch/
    Mit peltz gefüttert nach Landsbrauch/
Da ist kein sonderlicher pracht/
    Vnd ist gleichwol ein sauber Tracht.

Ein Fraw in Oestereich.

Ein Fraw in Gestreich kleidet sich
    Fein erbar vnd gar säuberlich/
Kein Vberfluß wirdt da gespürt/
    Mit Tugent ist sie wol geziert.

Sie ist jhrm Mann gehorsam gern/
    Erkennet jhn für jhren Herrn/
Befleisset sich seinen Willen
    Mögliches Fleiß zu erfüllen.

Ein Schwäbische Jungfraw.

MIt sonderlichem fleiß beschaw
 Die schöne Schwäbische Jungfraw/
Das Angesicht ist rund vnd klar/
 Am Rücken ab hengt jhr geel Haar/

Die Kleider stehen jhr wol an/
 Ihr Zucht gefellet jedermann/
Sie macht bißweilen breite Wort/
 Doch geht jhr die Red dapffer fort.

25

Ein Schwäbin von Hall.

DAs ist zu Hall im Schwabenland
    Der Weiber Zierd im gmeinen Standt/
Ein sauber schlecht vnd erbar Tracht/
    Ohn allen Vberfluß vnd pracht/

Darinn gefällt sie jhrem Mann
    Besser/ als wer sie angethan
Mit einem gantzen gülden Stuck/
    Die Tugent ist jhr bester Schmuck.

Ein Augspurger Jungfraw.

DIe Augspurgischen Jungfrauwen/
　　Lassen sich warlich beschauwen/
Sind holdselig von Angesicht/
　　Vnd mit Geberden abgericht/

Mit Kleidung also angethan/
　　Daß sie gefallen jederman.
Im Hauß/ auff der Gassen/ beim Tantz
　　Haben sie acht auff ihre Schantz.

Ein Geſchlechterin zu Augſpurg.

Zv Augſpurg man gezieret findt
  Die Weiber ſo Geſchlechter ſind/
Aller Geſtalt an jhrem Leib/
  Wie hie gemahlet ſteht das Weib.

Ihr Tugent iſt nun lange Zeit
  Berühmbt geweſen nah vnd weit.
An Gelt vnd Gut ſind ſie gar reich/
  Mit Demut doch den Armen gleich.

Eins gemeinen Burgers Fraw zu Augspurg.

ZV Augspurg mag man beschauwen
  Eins gemeinen Burgers Frauwen/
Gekleidet/ wie das Bild hie steht/
  Wann sie auß ihrem Hause geht.

Kein ander Tracht sie brauchen soll/
  Wil sie ihrm Mann gefallen wol/
Ihr Freundligkeit vnd Erbarkeit
  Ist sonst berühmet weit vnd breit.

Ein andechtige Fraw zu Augspurg.

EIn Weib also gezieret ist/
    Zu Augspurg eben zu der frist/
Wann sie wil zu der Kirchen gehn/
    Wie du die Figur sihest stehn/

Ein Büchlein tregt sie in der Hand/
    Ein pater noster ohn Verstandt.
Der priester kan sie lehren wol/
    Wie man alles verstehen soll.

Ein Augſpurger Magd.

DIe Augſpurger Mägd ſind nicht reich/
    Doch ſehen ſie den Leuthen gleich.
Vnd tretten gar wacker daher/
    Als wann die Gaß jhr eigen wer/

Mit weiſſen Stiffeln angethan/
    Wol auffgeſchürtzt lauffens darvon/
Sie dienen trewlich jhren Herrn/
    Man hat ſie allenthalben gern.

Ein Straßburger Fraw.

Zu Straßburg in der werden Statt
    Man gar ein erbar Kleidung hat/
Ein junges Weib gehet daher/
    Schier als wann sie ein Engel wer.

Gar züchtig sind all jhr Geberd/
    Die Augen schlecht sie auff die Erd/
Jhr gantzer Wandel still durchauß/
    Vnd bleibet gern in jhrem Hauß.

Ein Fraw von Basel.

ZV Basel haben die Wyber
    Gesunde vnd starcke Lyber/
Sind auch von Natur hübsch vnd schon/
    Mit Kleidern zimlich angethon/

Ohn allen vnnötigen Pracht/
    Sonder halten ein erbar Tracht/
Sind freundlich/ frölich vnd Mannlich/
    Vnd lassen Gott sorgen für sich.

Ein Jungfrauw von Zürch.

ZV Zürich in dem Schweitzerland/
    Das weit vnd breit ist wol bekandt/
Sind auch wol proporcionirt/
    Die Jungfrauwen/ vnd schön geziert.

Da leuchtet Tugent vnd Frombkeit/
    Ehr/ Zucht vnd all Bescheidenheit/
Wil jetzt nicht sagen von dem Kleid/
    Das ist auch gut vnd wol bereit.

Ein Geschlechterin zu Franckfort am Mayn.

Zv Franckfort in der Handelstatt/
  Man viel alter Geschlechter hat/
Begabet mit Gottseligkeit/
  Gut/ Gelt/ Ehr/ Tugend vnd Weißheit.

Ihr Weiber alle Tugendreich
  Sind gezieret dem Adel gleich/
Doch weiß jede nach jhrem Stand/
  Zu tragen gebürlich Gewand.

Eins Junckers Tochter zu Franckfurt.

ZV Franckfurt an dem krummen Meyn/
    Junckers Töchter gekleidet seyn/
Wie dir anzeiget dises Bild/
    Wann jhnen nun die Brust geschwilt/

Vnd sich an jhnen offenbar/
    Erzeigen die Mannbare Jar/
Vnd haben nun gelehrnet wol/
    Wie man rätlich haußhalten soll.

Ein Braut zu Franckfurt von den Geschlechterin.

EIn Braut zu Franckfurt an dem Meyn/
    Wann sie nicht mehr gern schläfft allein/
Sondern begibet sich zu hand
    In den hochgelobten Ehstand/

Mit einem Juncker vberreich/
    Der ihrem Stand ist durchauß gleich/
Thut sie an ein Hufecken lang/
    In ihrem Christlichen Kirchgang.

Eines gemeinen Burgers Weib zu Franckfurt.

Zv Franckfurt eines Burgers Weib/
  Gar ehrlich schmücket jhren Leib/
Zu wolgefallen jhrem Mann/
  Dem sie freundlich begegnen kan/

Der Rock mit Leisten fein belegt/
  Ein schwartzen Mantel sie auch tregt
Vber den Kopff/ wann sie jetzt gleich
  Zur Kirchen geht oder zur Leich.

Ein Burgers Weib zu Franckfurt.

ES haben auch ein ander Tracht/
    Vor vielen Jaren auffgebracht/
Erbare Franckfurter Weiber/
    Für jhre züchtige Leiber/

Wann sie zu hochzeitlichem Fest
    Auch beruffen werden/ als Gäst
Sind mit Bruströcken angethan/
    Vnd legen schwartze Göller an.

Ein Braut zu Franckfurt.

WAnn sich eins Burgers Tochter hat/
      Zu Franckfurt ehlichen bestatt/
Vnd jetzund jhren Kirchgang halt/
      Tregt sie ein Burset Rock mit Falt/

Ein Perlen bändlein vmb die Stirn/
      Die Haar vmbwunden mit Goldzwirn/
Darüber ein hoher Braut krantz/
      Das Koller ist von Sammet gantz.

40

Ein Franckfurter Magd.

DIe Mägd tragen nach altem Brauch
  Auff ihrem Haupt beltzhauben rauch/
Wann sie auff den Marckt thun lauffen/
  Nach der Notturfft einzukauffen/

Damit man habe zu essen.
  Deß Marckkorbs sie nicht vergessen.
Es ist heur nicht aller dings new/
  Wann gleich mit vnterlaufft Vntrew.

Ein Franckfurter Magd/ so in die Kirchen gehet.

WAnn sich ein Franckfurtische Magd
    Bißweilen in die Kirchen wagt/
Vor eiteler grosser Andacht/
    Die jhr ist kommen in der Nacht/

Legt sie jhr neuwe Kleider an/
    Vnd rüstet sich bald auff die Bahn/
Nimpt Stul vnd Mantel an den Arm/
    Vnd bitt/ daß sich Gott jhr erbarm.

Ein Fränckische Fraw vom Adel.

DAs ist die Tracht im Franckenland/
  Den Edlen Frauwen wol bekandt/
Gar artlich in nähen versetzt/
  In mancherley Farben genetzt/

All ihr Geberden/ Gang vnd Red/
  Ihr erbar vnd dapffer ansteht/
Sie weiß ihrm Juncker zu hausen/
  Daß er nicht darff im Strauch mausen.

Ein Fränckische Edele Jungfraw.

EIn Fränckisch Edel Jungfräwlein/
     Weiß sich zu schmücken hübsch vnd fein/
Nach deß Franckenlands Gewonheit/
     Mit Leisten beydes schmal vnd breit/

Vmb die Sorcketen vmbher rund/
     Mit mancherley Farben gar bund/
Das war jhr brauch von altem her/
     Jetzund mags zugehn ohngefehr.

Eins Fränckischen gemeinen Burgers Weib.

Eins Fränckischen Burgers Ehweib
    Die sparet gar nicht jhren Leib/
Ist fleissig willig vnd bereit
    Zu aller häußlichen Arbeit/

Sie zihet jhre Stiffel an/
    Vnd rüstet sich gleich wie ein Mann/
Mit Rötzen/ Karst auff jhrem Rück/
    Bauwet den Weinberg auff gut Glück.

45

Ein Fränckisch Frauw von Würtzburg.

DV fauler Mensch lieber beschaw/
    Diese Würtzburgische Haußfraw/
Ob sie wol ist gantz hübsch vnd zart/
    So ist doch das der Francken Art.

Der arbeit sie sich nicht schämen/
    Ein Rötz auff den Rücken nemen/
Damit sie dem Marckt zu lauffen/
    Wann sie was haben zu kauffen.

Ein Geſchlechterin von Nürnberg.

ES pflegen die Geſchlechterin/
 Wo ferrn ich anders recht dran bin/
An gewönlichen Feſttagen
 Solch gattung Kleider zu tragen/

Zu Nürnberg in der werden Statt/
 Das wolgezogen Weiber hat/
Gar Adelich vnd tugentſam/
 Daher iſt weit bekennt jhr nam.

Ein Geschlechterin von Nürnberg.

WAnn zu Nürnberg durch die Statt hin
    Gehen wil ein Geschlechterin/
So pfleget sie nach Gewonheit/
    Anzulegen ein solches Kleid/

Ein lang vnd köstlichen Talar/
    Darüber hengt sie ab jhr Haar/
Auff dem Haupt ein klein Paretlein/
    Also ist sie gezieret fein.

in Braut von den Geschlechtern zu Nürnberg.

JN der vralten Statt Nürnberg
    Sihet man noch ein fein alt Werck/
Wann ein Jungfraw zur Eh bestatt/
    Vnd nun auch jhren Kirchgang hat/

So wird sie auff ein alt Manier/
    Jedoch mit gar köstlicher Zier
Geschmücket vnd wol angethan/
    Wie diese Figur zeiget an.

Ein Jungfraw vom Geschlecht zu Nürnberg.

An disem Bild magst beschauwen/
    Wie sich Nürnberger Jungfrauwen/
So von Geschlechtern sind geborn/
    Pflegen zu schmücken lang zuvorn/

Wann sie deß morgens frü auffstehn/
    Vnd eh sie zu der Hochzeit gehn.
Es ist fürwar ein feine Tracht/
    Ohn zweiffel von langem herbracht.

Eins gemeinen Burgers Tochter zu Nürnberg.

MAn findet auch wol Bürgers Kind/
Die mächtig wol gezogen sind/
Nach ihrem Stand auch hübsch gekleidt/
In aller Zucht vnd Erbarkeit/

Schöner Gestalt von Angesicht/
Vnd zu der Arbeit abgericht.
In summa/ Nürnberg ist ein Statt/
Die Gott gar viel zu dancken hat.

Ein Nürnberger Magd.

Zu Nürnberg man auch gar offt pflegt/
    Achtung zu geben auff die Mägd/
Dieweil sie sind guter gestalt/
    Vnd richten auß hurtig vnd bald/

Was jhn befohlen wird zu Hauß/
    Vnd was sie zu schaffen darauß/
Es seye gleich kalt oder warm/
    Streiffen sie hinter sich die Arm.

Ein Fraw von Cöllen.

Zv Cöllen ist der Weiber Art/
    Ob sie wol sind von Natur zart/
Haben sie doch ein grossen Muth/
    Vnd nemmen jhr Keuschheit in Hut./

Sie tragen wie bräuchlich im Land
    Kleider von köstlichem Gewand/
Decken das Haupt ohn vnterlaß/
    Wann sie gehen vber die Straß.

Ein Braut zu Cölln.

ES sind zu Cölln an dem Rhein/
    Die Jungfrauwen gar hübsch vnd fein/
Gezieret mit Frombkeit vnd Zucht/
    Mehr dann man hinter jhnen sucht/

Wann nun ein Jungfraw zur Braut wirt/
    Man sie auff dise weise ziert/
Das halten sie mit grossem fleiß/
    Bey vns wer es ein neuwe weiß.

Ein Magd von Cöllen.

ZV Cöllen ist die Gewonheit/
  Daß ledige Töchter allzeit
Ihr Haar sauber eingeflochten
  Auff dem Haupt zusammen pfochten/

Vnd barhauptig einher gehen/
  Doch ist solches zu verstehen/
Von den Mägden in sonderheit/
  An zu zeigen ihre Keuscheit.

Ein Frauw von Ach.

ZV Ach die Keyserliche Kron
    Empfeht der ist erwehlet schon/
Zum Keyser/ daselbst findt man auch
    Gezieret/ nach deß Landes Brauch/

Die Frauwen auff diese Manier/
    Wie hie ist fürgebildet dir/
Zu dem sie auch sind Tugendreich/
    Wiewol sie nicht sind alle gleich.

Ein Jungfraw auß Flandern.

Also pfleget sich in Flandern
    Eine Jungfraw zu zieren gern
Von Angesicht gar wol gestalt/
    Ihr Tugent jederman gefalt/

In Worten ist sie holdselig/
    In Geberden gar Adelich/
Als were sie ein Venus Kind/
    Mit Arbeit hortig vnd geschwind.

Ein Weib auß Flandern.

ES macht an jedem ort das Kleid
  Zwischen den Menschen unterscheid/
Ein Flandrisch Weib ist angethan/
  Wie diese Figur zeiget an.

Vnd ob sie wol mit Kleidung schlecht/
  Doch handelt sie redlich vnd recht/
Vnd gefellet jhrem Mann wol/
  Nicht mehr ein Weib begeren sol.

Ein Holländerin.

ALſo kleidet eins Kauffmans Weib
    In Holland jhren ſchönen Leib/
Wann ſie gehet auß jhrem Hauß/
    Ihre Geſchäfft zu richten auß/

Sie ſchlegt die Augen vnter ſich/
    Ihr Angeſicht iſt doch frölich/
Vnd iſt gar hortig vnd bereyt
    Zu geben jederman Beſcheid.

Ein Brabändische Niderländerin.

ALso kleiden sich in Brabant
  Die Weiber mit gutem Gewand/
Wann sie gehen für erbar Leut/
  Wie ich selber gesehen heut/

Doch kan man jhr schöne Gestalt
  Mit Händen nicht abmahlen bald/
Sie sind auch willig vnd bereyt
  Zu aller Weiblichen Arbeyt.

Ein Niderländerin vom Adel.

EIn Fraw im Niderland geborn/
    Von Adelichem Blut erkorn/
Pfleget sich zu zieren also/
    Wie dir ist fürgemahlet do/

Nicht vngleich den Armeniern
    Den sie hierinnen folgen gern/
Sonst ist ihr Lob/ Zucht/ Erbarkeit/
    Vnd Ehr berühmet weit vnd breit.

Ein Niderländische Magd.

ES tragen auch im Niderland
    Die Mägd Kleider nach jhrem Stand/
Wies ein jede erzeugen kan/
    Als dise Figur zeiget an/

Sie sind auch jhrer Mutter Kind/
    Ob sie gleich etwas schmutzig sind/
Von Arbeyt vnd der Küchen rauch/
    So sind sie doch zu loben auch.

Ein Fraw von Lübeck.

Lvbeck die rechte Handelstatt
    Dapffere frische Weiber hat/
Gleichwol ohn allen pracht geziert/
    Jedoch wol proporcioniert/

Bey jhnen ist kein Heucheley/
    Sie sagen wies geschaffen sey/
Auff Zucht vnd alle Erbarkeit
    Ist auch gerichtet jhr gantz Kleid.

Ein Edelfraw auß Schweden.

In dem Schwedischen Königreich
    Ist die Aleidung nicht durchauß gleich.
Ein Frauw vom Adel schmücket sich/
    Wie dise Figur lehret dich.

Da sihet man mit vberdruß
    In Aleidung keinen vberfluß
Es sind die Weiber in gemein/
    Gantz erbar/ züchtig/ keusch vnd rein.

Ein Böhemin von Prag.

DIse Figur fleissig anschaw/
  Also bekleidet sich ein Fraw/
Zu prag weit in dem Behmer Land/
  Welche schon einen Mann erkandt/

Ob sie wol auch sind schön vnd zart/
  Vnd von einer geschlachten Art/
Haben sie doch in jhrer Tracht
  Gar keinen sonderlichen pracht.

Ein alte Böhmische Fraw.

WAnn nun ein Böhmisch Weib wird alt/
Vnd verleuret jhr schön Gestalt/
Verändert sie die vorig Zier/
Gar auff ein andere Manier/

Vnd kleidet sich nach jhrem Stand/
Wie bräuchlich ist im selben Land/
Vnd ist fast also angethan/
Wie dise Figur zeiget an.

Ein Edelfraw in Hungern.

EIn Edelfrauw jung/ reich vnd zart
    Ist bekleidet auff dise art/
Wie diese Figur außweiset/
    Ihr Tugend sie gar wol preiset.

Wann sie sich anders kleiden wolt/
    Das Landvolck sie verspotten solt/
Als die der Hungern erbar Tracht
    Ohn alle vrsachen veracht.

Ein Braut zu Danzig.

ES ligt ein Statt in preuſſenland
    Gar weit berühmbt Danzig genannt/
Wann da ein Jungfraw wol geſtalt
    Ihren Chriſtlichen Kirchgang halt/

Wird ſie auff dieſe weiß geziert/
    Wann man ſie zu der Kirchen führt/
Ich hab mein Lebtag nie geſehn
    Ein ſchöner Braut zu Kirchen gehn.

Ein Magd zu Dantzig.

DAs ist der Mägd zu Dantzig Tracht/
Von vielen Jaren her gebracht/
Wann sie Wasser tragen zu Hauß/
Wie diese Figur weiset auß.

Wiewol jhr Kleidung ist gering/
So ist es doch ein wunder ding/
Daß man jhr nicht entrathen kan/
Vnd findet jede jhren Mann.

Ein Fraw auß Liffland.

ALso kleidet sich in Liffland/
    Ein Ehweib in gemeinem Stand/
Wann sie vielleicht in ihrer Statt/
    Bey Leuten was zu schaffen hat/

Bey vns wird eine gar verlacht /
    Wenn man sie seh in solcher Tracht/
Doch ist es in Liffland ein ehr/
    Wann ein Fraw also geht daher.

Ein fürneme Liessländische Fraw.

WAnn in Liffland ein fürnemm Weib
    Zu ehren schmücket jhren Leib/
So leget sie sich also an/
    Wie dise Fraw ist angethan/

Sie hat ein Deck auff jhrem Kopff/
    Gleich wie ein außgespitzter Topff/
Ein Mäntelein gefüttert rauch/
    Also ist es im Land der Brauch.

Ein Liffländische Edelfraw.

In Lieffland weit ist diese Tracht
    Bey Edelfrauwen hoch geacht/
Darbey kan man bald erkennen/
    Daß sie sich vom Adel nennen/

Vnd haben in dem Hinterhalt
    Vor andern Weibern mehr Gewalt/
Ein frembder solt gedencken frey/
    Es wer ein neuwe Mummerey.

Ein fürnemm Weib in der Moscaw.

ALso gehet in der Moscaw
        Gekleidet ein fürneme Fraw.
Wann sie sich muß auß ihrem Hauß
        Begeben auff die Gaß hinauß/

Etwann zu einem Freudenfest/
        Kein pracht sie vnterwegen leßt/
Von peltz ist fast ihr beste Tracht/
In der Moscaw gar hoch geacht.

Ein Polnische Matron.

EIn polnische Fraw von gutem Gschlecht
    Auff dise weiß sich kleidet recht/
Wie es bräuchlich ist in Polen/
    Daselbst darff man nicht erst holen

Von frembden Orten neuwe Tracht/
    Die bey jhnen nicht her gebracht
Sondern tragen nach jhrem Brauch
    Kleider mit Peltz gefüttert rauch.

Ein Edelfraw in Lotharingen.

ALso gehet ein Edelfraw
    Geschmücket wie ein schöner pfaw
In Lotharingen/ ausserm Hauß/
    Von Füssen an biß oben auß.

Wann du die Tracht gern wissen wilt/
    Magstu besehen dises Bild/
Ihr Tugent/ Zucht vnd Erbarkeit
    Ist lengest bekannt weit vnd breit.

Ein Jungfraw auß Burgund.

ALso kleidet sich in Burgund
    Ein Jungfraw heut zu diser Stund/
Wann sie wil auff ein Hochzeit gahn/
    Oder selbs nemmen einen Mann.

Das Kleid ist von gutem Gewand/
    Zugericht von kunstreicher Hand/
Darin sich spiegelt die Jungfraw/
    Wie ein schöner vnd stoltzer Pfaw.

Ein Edelfraw in Franckreich.

WJewol die Weiber in Franckreich
    An Reichtumb nicht sind alle gleich/
Das sie vermöchten gleichen Schmuck
    Die Armuth halt gar viel zuruck/

So kleidet sich doch auff die Schaw
    Eine junge reiche Edelfraw
Auff dise weiß/ wie fürgemahlt/
    Ihr Mann den Kosten gern bezahlt.

77

Ein Edle Matron zu Leon.

ES sind die Weiber zu Leon
  In Franckreich gezieret gar schon/
Mit Leibs Gestalt vnd erbarm Schmuck/
  Wie dir fürbildet dieser Truck.

Ihre Tugend weiß ich nicht all/
  Ein ander sie beschreiben soll.
Eins weiß ich/ daß sie freundlich sind
  Anzusehen/ wie Venus Kind.

Ein Edelfraw von Pariß.

WJewol in Franckreich vberal
    Schön Weiber zu finden ohn zahl/
Doch behaltet hierin den preiß
    Die weitberühmte Statt pareiß.

Da findt man von gutem Adel
    Viel frommer Weiber ohn Tadel/
Geschmücket vnd gezieret so
    Wie dises Weib stehet alldo.

Ein Edle Jungfraw in Franckreich.

ALlhie stehet auff vnser Schaw
    Vom Adel ein schöne Jungfraw
Gerades Leibs vnd Glieder zart/
    Geschmückt nach der Frantzosen Art/

Ihr Tugend jederman bekannt/
    Wird gepriesen in gantzem Land/
Sie wolt sich verheyraten gern
    Mit eim Frantzösischen Junckhern.

Ein Fraw auß Engelland.

EIn Edelfraw in Engelland
Ist geschmücket nach jhrem Stand/
Wann sie also ist angethan/
Wie dise Figur zeiget an.

Darinn hat sie jhr recht Gestalt/
Auch jhrem Mann gar wol gefalt/
Vnd wann sie ander Kleider trüg/
Ihr Mann sie zu dem Hauß außschlüg.]

Ein Engelische Fraw von Londen.

WAnn ein Weib gehet auß dem Hauß
  Ihre Geschäfft zu richten auß/
Zu Londen vber die Strassen/
  Schmücket sie sich allermassen/

Wie dises Weib gemahlet ist/
  Dem an schöne gar nichts gebrist/
So ist sie sonst stattlich geziert/
  Am Leib wol proportionirt.

Ein Weib auß Hispanien.

ALso bekleidet sich mit fleiß
  Ein Weib nach Hispanischer weiß/
Vom Haupt herab biß auff die Erd/
  Es wer manchem ein groß Beschwerd/

Wann er solt tragen auff ein mal
  So viel Gewand in nechsten Saal.
Sie haltets aber für ein Ehr/
  Wann es noch einmal wer so schwer.

Ein Fraw von Bononien.

ZV Bononien schmücket sich
    Ein junge Fraw gar säuberlich/
Mit gutem vnd reinem Gewand/
    Nach jhrem Adelichen Stand/

So gut sie es erzeugen kan/
    Darinn gefallt sie jhrem Mann/
Zu dem sie sich gar freundlich halt/
    Biß sie beysammen werden alt.

Ein Jungfraw von Bononien.

DAs ist ein Bononisch Jungfraw/
    Gewachsen in deß Himmels Taw.
Von Angesicht gar schön formiert/
    Am Leib wol proporcionirt/

Kompt von Adelichem Samen/
    Behalt jhren guten Namen/
Mit Kleidern zum besten staffiert
    Mit Zucht vnd Erbarkeit geziert.

Ein Fraw von Senis.

ALs ich newlich gehn Senis kam/
    Kein ding mich grösser wunder nam/
Dann daß die Senischen Weiber
    Hetten solche schöne Leiber/

Wer sie ansihet/ dem gefalt
    Ihr gantz Adeliche Gestalt/
Zu dem sind sie auch wol geschmückt/
    Wie hie auff dem papir gerrückt.

Ein Edelfraw von Vicentz.

Jn der Venediger Herrschafft
  Liget die Statt Vicentz namhafft/
Da findet man Edel Frauwen/
  Gar holdselig anzuschauwen/

Vnd lassen sich freundlich mercken/
  Beydes in Worten vnd Werken/
Gehen auch in zierlichem Schmuck/
  Wie fürbildet dises Kunststuck.

Ein Weib von Placentz.

WAnn einer suchen wolt ein Weib/
    Nach seinem Wundsch für seinen Leib/
So wer mein endlicher Sententz/
    Er solt hin reisen nach placentz/

Auffs aller båldest vnd noch heut/
    Da findet man gar schône Leuth/
Die sind aller massen geziert/
    Wie difes Bild reprefentirt.

Ein Edelfraw von Padua.

ZV padua der Welschen Statt/
    Es auch gar schöne Weiber hat/
Der Adel ist gekleidet schier
    Auff fürgeschriebene Manier.

Vnd bleibet gern bey diser Tracht/
    Wann ein dieselbige veracht/
So wird man auch nicht wol mit jhr/
    Zufrieden seyn/ das glaube mir.

Ein Edelfraw von Mantua.

EIn Weib zu Mantua geborn
    Von gutem Adel außerkorn/
Vnd von jhrer zarten Jugend
    Erzogen in aller Tugend/

Bekleidet sich mit allem fleiß
    Auff dise fürgemahlte weiß/
Dann es ist ja ein schönes Pferd/
    Auch wol eines schönen Zeugs werd.

Ein Edle Fraw von Ferrar.

ES ist bekannt vnd offenbar/
    Daß schön Weiber sind zu Ferar/
Vnd sonderlich Edle Frauwen/
    Die lassen sich gar wol schauwen/

Sie leuchten klar von Angesicht/
    An Tugent jhnen nicht gebricht/
Jhr Tracht ist auch also gethan/
    Wie dise Figur zeiget an.

Ein Fraw von Verona.

HIe ſiheſtu vor Augen ſtohn/
    Eines Burgers Weib von Veron/
Von Angeſicht gar ſchön vnd zart/
    Gekleidet ñach deß Landes art/

Mit Rocken iſt ſie nicht vngleich
    Andern Weibern im Königreich/
Allein iſt außgeſpitzt der Kopff/
    Gleich wie ein alter Wiedehopff.

92

Ein Jungfraw von Florentz.

DIe Jungfrauwen sind zu Florentz/
    Viel schöner nach meinem Sentent;/
Vnd soviel auch mir ist bekandt/
    Dann sonst in gantzem Welschenland.

Auch wissen sie gar wol den pracht
    Zu führen in der Kleider Tracht/
Ein ledig Jungfraw zieret sich/
    Wie dise Figur lehret dich.

93

Ein Fraw von Florentz.

Also bekleidet jhren Leib
    Zu Florentz ein schön junges Weib/
Sie traget zwar ein blosse Brust/
    Doch jhrem Mann allein zum Lust/

Ein ander soll seine Augen
    Abwenden von frembden Frauwen/
Jhrs eignen Manns ists/ was drin steckt/
    Es sey gleich bloß oder bedeckt.

Ein Neapolische Jungfraw.

ES mag jederman beschauwen/
 Dise gemahlte Jungfrauwen/
Dann wie sie ist abconterfeit/
 Also geht auch in jhrem Kleid

Ein Tochter von Neapolis/
 Die noch kein Heyraht weiß gewiß/
Doch wartet sie drauff alle Stund/
 Dieweil sie frisch ist vnd gesund.

Ein ehrliche Matron von Neapolis.

Ich kan euch sagen für gewiß/
    Schön Leuth sind zu Neapolis/
Von Gliedern vnd von Angesicht/
    Auch ist alle Kleidung gericht

Der Weiber/ allein auff den pracht/
    Vnd wird hierin wenig geacht
Des Kostens/ ein Weib also geht/
    Wie dieses Bild für Augen steht.

Ein fürneme Fraw auß Italien.

Also sind in Italien
    Geschmücket erbar Matronen/
Die von eim guten Geschlecht sind/
    Wie man derselben gar viel sind.

Wann sie auß jhren Häusern gehn/
    Vnd etwan auff der Gassen stehn.
Sind sonst gar zart von Angesicht/
    Wie ich von leuthen werd bericht.

Ein fürneme Fraw von Rom.

Also pfleget ein Römisch Weib/
    Zu zieren jhren schönen Leib/
Wann sie ist von gutem Geschlecht/
    Nach der Statt Rom herbrachtem Recht/

Wenn sie villeicht gehn auß dem Hauß/
    Wie dise Figur weiset auß/
Steht wol vnd ist ein erbar Tracht/
    Wann man es nur nicht vbermacht.

Ein Junge Fraw zu Rom.

GLeich wie ein hoffertiger pfaw/
    Mit seinen Federn grün vnd Blaw/
Ein redlein macht/ vnd spiegelt sich:
    Also geht auch gantz hoffertig

In der Statt Rom ein junge Fraw
    Vnter Leuthen/ als auff der Schaw/
Vnd streichet sich stattlich herauß/
    Wie diese Figur weiset auß.

Ein Römische Jungfraw.

DAs ist ein sonderliche Tracht/
    Zu Rohm von langem hergebracht/
Darinn sich schöne Jungfrauwen/
    Offentlich gern lassen schauwen.

Wann sie damit sind angethon/
    Beduncken sie sich mächtig schon/
Es ist auch dises Ehrenkleid
    Mit grossem Kosten zu bereit.

Ein vnzüchtig Weib zu Rom.

ZV Rom ist es heur nicht mehr new/
    Daß Weibs personen ohne schew/
Vnzüchtig vnd schändlich leben/
    Ihren Leib zu schänden geben/

Vmb vergengliches Gelts willen/
    Vnd jhre Geilheit zu stillen/
Wann sie tags auff der Gassen gahn/
    So siht man sie für fromb Leuth an.

Die Hertzogin von Venedig.

BEsihe fleiffig difes Bild/
    Wann du vielleicht gern wiffen wilt/
Wie köftlich vber den Leib hin
    Gefchmücket fey ein Hertzogin.

Zu Venedig in Welfchem Land/
    Das wenig Leuthen ift bekandt/
Man findt in Teutfcher Nation
    Kein fo wol geziert Weibs perfon.

Ein Geschlechterin von Venedig.

Also bekleidet ihren Leib
　　Ein junges Venedisches Weib/
Wann sie ist von gutem Geschlecht/
　　Ihren Kopff treget sie auffrecht/

Vnd schmücket sich ein Edle Fraw
　　Gleich wie ein gespigelter Pfaw.
Als dise Figur zeiget an/
　　Die du sihest für augen stahn.

Ein Venedische Braut von Geschlechtern.

WAnn zu Venedig eine Braut
　　Versprochen hat eim Mann ihr Haut/
Vnd soll halten jhren Kirchgang/
　　Darauff sie nun gewartet lang/

So schmücket sie sich hübsch vnd fein/
　　Wie außweiset der Augenschein/
Ich glaub nicht daß man schöner Leut
　　Finden mög/ als Venedisch Bräut.

Ein Venedische Jungfraw von Geschlechtern.

VEnedig die berühmmte Statt
    Gar viel schöner Jungfrauwen hat/
Gezieret auff das aller best/
    Kein pracht man vnter wegen lest/

Sonderlich wanns vom Adel sind/
    So leuchten sie wie Venus Kind/
Wann sie auff gemeinen Gassen
    Sich etwan anschauwen lassen.

Ein Geschlechterin zu Venedig im Sommerkleid.

JM Sommer wann die Sonn warm scheint/
Vnd Venedische Weiber seind/
Von den Vralten Geschlechtern/
Die auß jhrem Hauß giengen gern/

Vor essens sich zu erquicken
Damit sie nun nicht ersticken/
So legen sie sich lüfftig an/
Wie dise Figur ist gethan.

Ein Venedische Matron.

WEnn ſich ein fürneme Matron
    Zu Venedig thut auff den plan/
So ſiht man ſie auff diſe weiß
    Gezieret ſeyn mit allem fleiß/

Mit dem allerbeſten Gewand/
    So man kan haben in dem Land/
Das muß auch zierlich ſeyn bereit/
    An zu zeigen jhr Herrligkeit.

Ein Bürgerin zu Venedig.

ZV Venedig eins Burgers Weib
    Also bekleidet jhren Leib/
Wie diese Figur zeiget an/
    Die du vor dir hie ssheft stahn/

Das Angesicht bedeckt sie rein/
    Die Brust muß fast fornher bloß seyn.
Sonst sind jhre Kleider gemacht/
    Nach der Aphricanischen Tracht.

Ein Edel Jungfraw in Meyland.

DER Jungfrawen Zucht in Meyland
　　Ist allenthalben wol bekandt.
Deßgleichen ihr schöne Gestalt/
　　Fast jedermeniglich gefalt/

Von Angesicht sind sie fast zart/
　　Vnd durchauß holdseliger Art.
Die Kleidung stehet ihn wol an/
　　Wann sie nach Landsbrauch angethan.

Ein Edelfraw zu Meyland.

WAnn ein junge Fraw vom Adel
    In Meyland lebet ohn tadel/
Wann sie gehet auß ihrem Hauß
    Ihre Geschäfft zu richten auß/

So darff sie sich schmücken also/
    Wie dise Figur stehet do/
Sonst ist ihr Zucht vnd Erbarkeit
    Gar wol berühmet weit vnd breit.

Camilla deß Türckischen Sultans Tochter.

CAmilla von Türckischem Stamm
Von Art hoffertig vnd graufam/
Von Leib einer guten Geftalt/
Vnd fonft gezieret manigfalt/

Gekleidet auch gar hübfch vnd fein/
In Golt/ perlen/ Edelgeftein/
An Schmuck vnd pracht ihr gar nichts felt/
Wie fürbildet diefes Gemeld.

Ein onzüchtige Türckin.

DAs ist ein onzüchtiges Weib/
    Welche jhren vnkeuschen Leib
Verkauffet vmb schändliches Gelt
    Einem Buler der jhr gefelt/

Von demselbigen Sündenlohn
    Kleidet sie sich denn hübsch vnd schon/
Daß sie mit jhrem falschen Schmuck
    Die Türcken desto eh beruck.

Ein Fraw auß Peruuia

ES ligt gar weit in India
    Ein Insul heißt peruuia/
Darinn die Weiber dise Tracht
    halten für ein besondern pracht/

Meynen sie seyen wol formirt/
    Wann sie auff dise weiß geziert/
Wiewol sie nun ein ander Art/
    Gelehrnet von frembder Schiffart.

S. Catharinen Orden.

SAnct Catharina die Jungfraw
    Ein vorbild der Keuscheit beschaw/
Sie wolt lieber ohn Eh leben/
    Dann sich in Ehstand begeben/

Nicht daß sie den Ehlichen Stand
    Gehalten hett für eine Schand/
Sondern daß sie lediger weiß
    Gott dienen möcht mit jhrem fleiß.

S. Catharinen Leyen Orden.

SAnct Catharina die Jungfraw
  Spiegelte sich nicht wie ein pfaw/
Mit stoltzer Kleidung für der Welt/
  Fraget auch nicht nach Gut vnd Gelt/

Sie dienet aber Gott dem HERRN/
  Hört vnd bekennet sein Wort gern/
Litt vmb seinet willen den Tod/
  Vnd befalh sich jhm in der Noth.

S. Brigitten Orden.

SAnct Brigitta die Jungfraw zart/
    Hat jhre Keuſcheit wol verwart/
Lediger weiß/ vnd im Ehſtand/
    Wie auß der Legent iſt bekandt/

In jhrem Witwen Stand deß gleich/
    Sie ſich gehalten Tugentreich.
In jhrem Orden leben viel/
    Die nicht erreichen dieſes ziel.

Weiſſe Nonnen ſchwartz geweilert.

ES iſt auch erfunden worden/
　　Vor Jaren ein ander Orden/
Vnter dem Weiblichem Geſchlecht/
　　Daß man darinn ſolt leben recht/

Ihr Kleider trugen ſie mit fleiß
　　Von Gewand/ das war durchauß weiß/
Allein ein Weiler war erlaubt
　　Von ſchwartz zu tragen auff dem Haupt.

Ein Beginn.

EIn ander Weiber Orden war/
　　Die hatten sich begeben zwar
Ein zeitlang ins Kloster Leben
　　Nach grosser Frombkeit zu streben/

Wann sie nun die Gottseligkeit
　　Erlehrnet im Beginnen Kleid/
Dann war es ihnen keine Schand/
　　Sich zu begeben in Ehstand.

S. Clara Orden.

ZV Assis in der alten Statt
    Die fromb Jungfraw gewohnet hat
Geboren von gutem Adel/
    Vnd gelebet ohne Tadel/

Hat viel edele Jungfrauwen
    Im Christenthumm wol erbauwen/
Die sich jhrs Ordens rühmen nun/
    Ein solchen Habitum anthun.

Der Rheuwerin Orden.

ALso giengen vor zeiten her
    Die Weiber so man nennt Reuwer/
Das Angesicht verhülten sie
    Mit einem Tuch biß auff die Knie/

Ihr Tracht war von weissem Gewand/
    Der Wandel jederman bekannt/
Niemand schier jetzt bereuwen wil
    Sein Sünd/ ob man wol sündigt viel.

Ein Stifftfraw.

WAnn vor zeiten ward eingeführt
   Ein keusche Fraw/ wie sichs gebürt/
Auff einen Stifft zum Gottesdienst/
   Daß sie darinn nicht wer die minst/

So kleidet sich das Fräwlein zart/
   Nach deß weltlichen Stifftes art/
Vngefehrlich solcher gestalt/
   F. Wie fürgemaltes Bild inhalt.

Orden der Krancken Warterin.

EIn ander Orden ward gestifft/
  So allein die Weiber antrifft/
Die waren all schwartz angethan/
  Von vnten auff biß oben an/

Sie warteten der Krancken leuth/
  Darvon gar offt ein gute Beut
Bestecken blieb jhrem Orden/
  Von dem sie dar geschickt worden.

Ueberſicht der Contrafacturen im Frawenzimmer.

26. Ein Schwäbin von Hall.
27. Ein Augspurger Jungfraw.
28. Ein Geschlechterin zu Augspurg.
29. Eins gemeinen Burgers Fraw zu Augspurg.
30. Ein andechtige Fraw zu Augspurg.
31. Ein Augspurger Magd.
32. Ein Straßburger Fraw.
33. Ein Fraw von Basel.
34. Ein Jungfrauw von Zürich.
35. Ein Geschlechterin zu Franckfort am Mayn.
Wiederholung von Nr. 28.
36. Eins Junckers Tochter zu Franckfurt.
37. Ein Braut zu Franckfurt von den Geschlechterin.
38. Eines gemeinen Burgers Weib zu Franckfurt.
39. Ein Burgers Weib zu Franckfurt.
40. Ein Braut zu Franckfurt.
41. Ein Franckfurter Magd.
42. Ein Franckfurter Magd/ so in die Kirchen gehet.
43. Ein Fränckische Fraw vom Adel.
44. Ein Fränckische Edele Jungfraw.
45. Eins Fränckischen gemeinen Burgers Weib.
46. Ein Fränckisch Frauw von Würtzburg
47. Ein Geschlechterin von Nürnberg.
48. Ein Geschlechterin von Nürnberg.
49. Ein Braut von den Geschlechtern zu Nürnberg.
50. Ein Jungfraw vom Geschlecht zu Nürnberg.
51. Eins gemeinen Burgers Tochter zu Nürnberg.
52. Ein Nürnberger Magd.
53. Ein Fraw von Cöllen.
54. Ein Braut zu Cöllen.
55. Ein Magd von Cöllen.

56. Ein Frauw von Ach.
57. Ein Jungfraw auß Flandern.
58. Ein Weib auß Flandern.
59. Ein Holländerin.
60. Ein Brabändiſche Niderländerin.
61. Ein Niderländerin vom Adel.
62. Ein Niderländiſche Magd.
63. Ein Fraw von Lübeck.
64. Ein Edelfraw auß Schweden.
65. Ein Böhemin von Prag.
66. Ein alte Böhmiſche Fraw.
67. Ein Edelfraw in Hungern.
68. Ein Braut zu Danzig.
69. Ein Magd zu Danzig.
70. Ein Fraw auß Liffland.
71. Ein fürneme Lieffländiſche Fraw.
72. Ein Liffländiſche Edelfraw.
73. Ein fürnemm Weib in der Moſcaw.
74. Ein polniſche Matron.
75. Ein Edelfraw in Lotharingen.
76. Ein Jungfraw auß Burgund.
77. Ein Edelfraw in Franckreich.
78. Ein Edle Matron zu Leon.
79. Ein Edelfraw von Pariß.
80. Ein Edle Jungfraw in Franckreich.
81. Ein Fraw auß Engelland.
82. Ein Engeliſche Fraw von Londen.
83. Ein Weib auß Hiſpanien.
84. Ein Fraw von Bononien.
85. Ein Jungfraw von Bononien.
86. Ein Fraw von Senis.

87. Ein Edelfraw von Vicentz.
88. Ein Weib von Placentz.
91. Ein Edle Fraw von Ferrar.
   Wiederholung von Nr. 78.
89. Ein Edelfraw von Padua.
90. Ein Edelfraw von Mantua.
92. Ein Fraw von Verona.
93. Ein Jungfraw von Florentz.
94. Ein Fraw von Florentz.
95. Ein Neapolische Jungfraw.
96. Ein ehrliche Matron von Neapolis.
97. Ein fürneme Fraw auß Italien.
98. Ein fürneme Fraw von Rom.
   Wiederholung von Nr. 85.
99. Ein Junge Fraw zu Rom.
100. Ein Römische Jungfraw.
101. Ein vnzüchtig Weib zu Rom.
102. Die Hertzogin von Venedig.
103. Ein Geschlechterin von Venedig.
104. Ein Venedische Braut von Geschlechtern.
   Wiederholung von Nr. 9.
105. Ein Venedische Jungfraw von Geschlechtern.
106. Ein Geschlechterin zu Venedig im Sommerkleid.
107. Ein Venedische Matron.
108. Ein Bürgerin zu Venedig.
109. Ein Edel Jungfraw in Meyland.
110. Ein Edelfraw zu Meyland.
111. Camilla deß Türckischen Sultans Tochter.
   Wiederholung von Nr. 88.
112. Ein onzüchtige Türckin.
113. Ein Fraw auß Peruuia.